R. G. Wardenga

Mit alten Weisheiten zum Börsenerfolg

BoD- Books on Demand

Norderstedt 2017

Bibliografische Information durch die Deutsche
Nationalbibliothek

Die Deutsche Nationalbibliothek verzeichnet diese
Publikation in der Deutschen Nationalbibliografie;
detaillierte bibliografische Daten sind im Internet über
http://dnb.dnb.de abrufbar.

Herstellung und Verlag:

BoD – Books on Demand, Norderstedt

ISBN 9-78374-4-85614-0

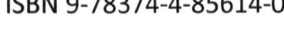

4

Vorwort

Dies ist kein Börsenfachbuch, sondern das tatsächlich erlebte Schicksal eines Ehepaares mit ihrer Geldanlage. Ob der Neue Markt, mit seinem rasanten Wachstum und das Platzen im Jahr 2000 der Dotcom-Blase, oder dem Anschlag am 11. September 2001. Bomben in London 2005, der Beginn der Finanzkrise 2007, das ehemals fleißige Ehepaar war genauso überfordert wie die Anlageberater damals. Das Ehepaar steht eigentlich außen vor, nach dem Motto „Schuster bleib' bei deinen Leisten", denn es hatte von Geldanlagen wenig Ahnung. Durch die gemachten Fehler der Anlageberater könnten nun andere Börsen-Neueinsteiger oder Anleger lernen, um sich einen angenehmeren Lebensabend zu sichern. Aber lesen Sie selbst, denn so wurde es an mich herangetragen.

Früher war alles besser! Ist das wirklich so? Ich kann das nicht beurteilen. Auf jeden Fall sind das die ersten Worte von Anna und Paul S., die mich darum gebeten haben, ihre Lebensgeschichte aufzuschreiben. Nein, keine Angst, es geht nicht um das erste Kennenlernen, Kindererziehung, und so weiter, es geht um die Börse. Es geht um den DAX, um das Kaufen und das Verkaufen. Es geht um reich oder arm werden, gewinnen oder verlieren. Aber eigentlich ging es Anna und Paul um die Finanzierung ihres Lebensabends.

Wenn Anna und Paul von „Früher war alles besser" sprechen, dann ist damit gemeint, dass beide gut verdient haben. Die Kinder sind gut versorgt. Nun könnten sie sich langsam auf Reisen und Freizeit vorbereiten. Zur aktiven Arbeitszeit leisteten sich beide einiges, auch eine Rolex und weitere Kostbarkeiten. Pauls Wunsch nach einem Oldtimer wurde ebenfalls erfüllt. Ich erwähne dies, denn die Rolex und der Oldtimer, auch weitere kostbare Gegenstände, kommen später noch zur Sprache. Außerdem haben sie ihre beiden Rolex-Uhren nur zwei, drei Mal getragen. Auch andere Hobbies hatten sie. Da war der

Weltraum mit den unendlichen Sternen. Zwei Teleskope waren schon erworben. Nun fehlte nur noch die Zeit für die Himmelsbeobachtung. Die Ölmalerei, auch das Stricken von herrlichen Mützen stand auf dem Programm. Lediglich die Geldanlagen sollten die Profis übernehmen. Etwas Grundwissen wollte sich Paul natürlich aneignen.

Anna hingegen hatte immer ein Herz für Tiere. Da gab es im Tierheim einen sehr lieben Rottweiler, Biggi. Das Tier wurde vom Vorbesitzer misshandelt und war schwer krank. Anna nahm Biggi auf, pflegte den Rottweiler wieder gesund. Als Dank bekam sie von Biggi Liebe. Wohin Anna auch ging, zur Toilette, zum Bäcker, Biggi begleitete Anna auf Schritt und Tritt. Paul restaurierte derweil gern den Oldtimer. Klipp und klar sei gesagt, Anna und Paul waren früher keine Angeber, sie waren fleißig, ehrgeizig und ehrlich, auch dem Finanzamt gegenüber. Was sie sich aber noch leisteten, das waren im Jahr zwei Urlaube. Nichts großartiges, es ging nach Bayern oder an die Ostsee. Aber immerhin, besser den Spatz in der Hand, als die Taube auf dem Dach.

Zu erwähnen sei auch noch, dass beide einen Altersunterschied aufweisen. Anna ist älter, das tut zwar nichts zur Sache, denn beide kommen damit zurecht. Anna bestand aber darauf, dass es ein in etwa zeitlich gleiches Ausscheiden aus dem Berufsleben geben sollte, damit beide die übrigbleibende Zeit gemeinsam verbringen könnten. Zumal der Berater des Geldinstitutes dafür Verständnis hatte und Pi mal Daumen eine großzügige Vermehrung des angesammelten Geldes errechnete. 1,2 Millionen DM müssten doch locker bis zum Lebensende reichen. Zumal im Jahr 1998/99 alle Vorzeichen auf Grün bei der Börse standen. Man erkennt, dass der Zeitpunkt näher kam, sich um das letzte Drittel des Lebens zu kümmern.

Anna schied Anfang 1998 aus dem Berufsleben aus. Ihr Mann gegen Ende 1998. Anna ließ sich das eingezahlte Geld auszahlen. Sie zahlte in die private Rentenkasse ein. Paul hätte eigentlich noch weiter in die staatliche Rentenkasse einzahlen müssen. Aber der Berater des Geldinstitutes meinte, dass wir den Betrag bei der Börse viel ertragreicher einsetzen könnten. Das geht an der Börse u.a. mit Aktien. Paul sammelte zwar Aktien, aber es war eher Deko fürs Büro.

Nun ja, die letzten Hochrechnungen des Beraters sahen sehr verführerisch aus. Da standen Summen von etwa 50000 DM, und das pro Monat. Da würde es auf die staatliche Rente nun wirklich nicht ankommen und man liegt dem Staat nicht auf der Tasche, andere haben es bestimmt nötiger.

Paul beschäftigte sich fast ein Jahr mit verschiedenen Arten von Geldanlagen. Es war die Zeit der Aktien. Mannesmann und Telekom kämpften miteinander. Hätte man zu der Zeit 10000 DM in die Telekom-Aktie investiert… hätte, hätte, Fahrradkette… hätte ist ein schlechter Ratgeber.

Paul verschlang alles, was es zu lesen gab. Sein Lieblingsautor war Andre Kostolany. Wie ist das also mit der Börse und der Wirtschaft?

Paul beobachtete: Anna ging mit Biggi spazieren. Der Hund läuft immer vor und zurück. Beide gehen in die gleiche Richtung. Pauls Frau Anna ist die Wirtschaft und der Hund ist die Börse. Ein Aha-Erlebnis für Paul.

Die vorgelegten Ausdrucke eines Neue Markt-Beispiel-Depots überzeugten Anna und Paul dann schlussendlich, bis zu 50000 DM pro Monat… man vergisst alle Warnungen!

Welche Warnung wäre es? Etwa: Die Börse ist keine Einbahnstraße. Der Berater sagte das auch, das musste Paul zugeben. Aber Paul fragte auch im gleichen Atemzug, was denn ein Börsencrash bedeuten würde? Paul solle mit etwa 10 bis 15% Verlust im Depot rechnen. Ach ja, und da sei die Sache mit der einjährigen Haltefrist, wegen der Steuer. Nach einem Jahr sind die Gewinne demnach steuerfrei zu verbuchen. Gut so, Aktien sollen ja sowieso länger gehalten werden. So meinte es zumindest auch Andre Kostolany. „Kaufen Sie Aktien, schlafen dann einige Jahre, und Sie wachen reich auf." So oder ähnlich war es wohl, laut Paul. Nun ja, besser etwas als gar nichts. „Ehrlich währt am längsten" passt auch noch.

1999 stiegen Anna und Paul in das Börsengeschäft ein. Die Anlageberater stellten einen Anlageplan auf. Da sich beide ewige Treue geschworen hatten, auch im Alter und erst Recht im Pflegefall, teilten die Berater die gesamte Summe in zwei Hälften auf. Für 200000 DM wurde ein Entnahmeplan gewählt, um die nächsten vier Jahre liquide sein zu können. Anna erhielt ein konservatives Portfolio, Paul ein spekulatives. Und dann gab es noch Spielgeld. Um eine Grundversorgung gewährleisten zu können, wurde eine lebenslange Sofortrente abgeschlossen. „Die könne bei der augenblicklichen Börsenlage und der guten Aussicht der Weltwirtschaft eigentlich nur steigen. 1600 DM flossen jeden Monat auf das Konto.

Und das Portfolio mit dem Spielgeld sollte ausgerechnet das erfolgreichste im Börsenleben von Anna und Paul werden. In allen Börsenheften wurde der Neue Markt sehr gelobt. Paul investierte 300 DM in EM.TV. Als er kurze Zeit später ausstieg hatte er 2000% Gewinn gemacht, das waren über 6000 DM. Er ärgerte sich, dass er dieses Geld nun versteuern musste, hätte die

Aktien lieber ein Jahr im Portfolio gelassen. Also, Mitte 1999 kaufte Paul die Aktien und stieß sie Ende 1999 wieder ab. Dazu muss man wissen, dass es ab März 1997 den Neuen Markt gab. Es war der Internet-Boom, der den Markt nur noch nach oben trieb. Wer 1997 knapp 10000 DM in EM.TV investierte, der war zwei Jahre später Millionär.

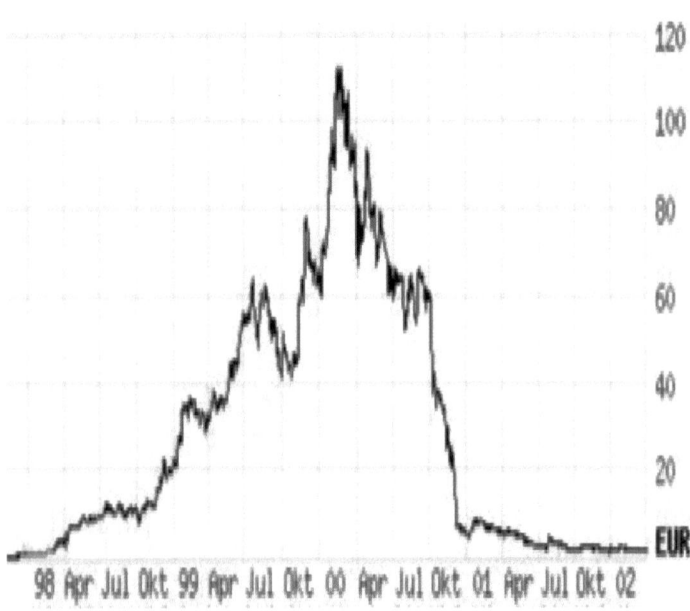

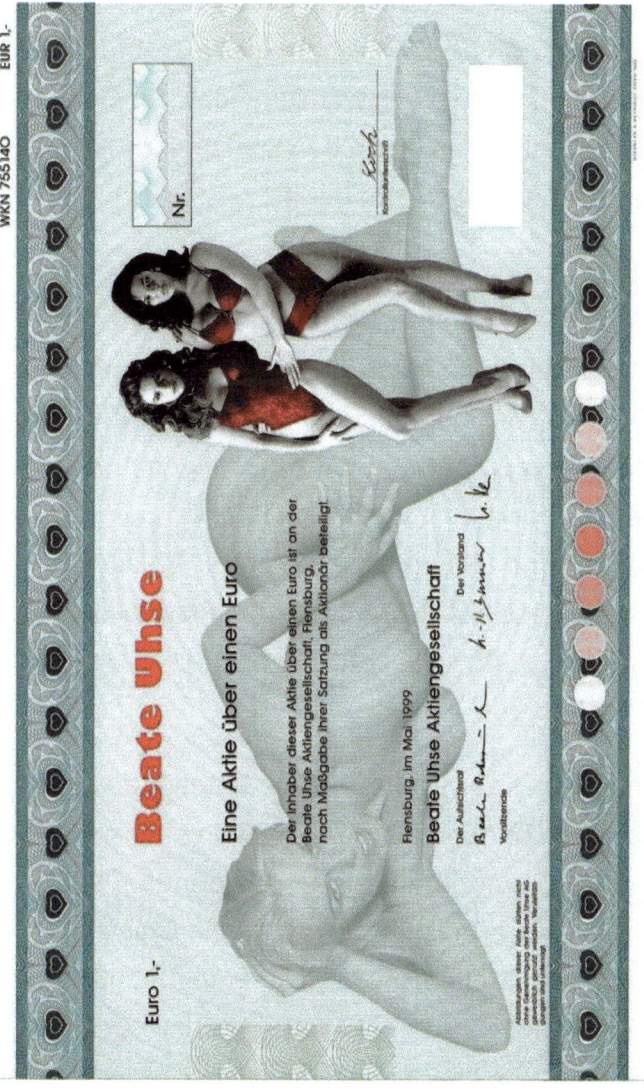

Euro 1,-

Beate Uhse

Eine Aktie über einen Euro

Der Inhaber dieser Aktie über einen Euro ist an der
Beate Uhse Aktiengesellschaft, Flensburg,
nach Maßgabe ihrer Satzung als Aktionär beteiligt.

Flensburg, im Mai 1999

Beate Uhse Aktiengesellschaft

Der Aufsichtsrat · Der Vorstand

Vorsitzende

Im Jahr 2000 war dann alles vorbei. Die Internetblase platzte. Wer vorher nicht ausstieg, hatte so gut wie nichts mehr im Portfolio. Gut, dass Paul ausstieg, es war sein höchster Gewinn. Er hatte nun wenigsten den Spatz in der Hand. Besser man hat, als man hätt.

Was machte das von dem Geldinstitut gesteuerte Portfolio? Vom Einstiegstag bis zum Platzen der Internetblase im März 2000 sah es prächtig aus. 300000 DM Gewinn… Himmlisch! Paul überlegte sogar, den Entnahmeplan zu kündigen und in den Neuen Markt zu investieren. Paul vergaß, dass die Börse keine Einbahnstraße sei. Der Anlageberater protestierte heftig. Paul ließ den Plan fallen. Auch die Gier ist ein schlechter Berater! Und Übermut tut selten gut!

Andererseits spekulierten alle Beteiligten auf das Ablaufen der Spekulationsfrist von einem Jahr, um endlich Gewinne realisieren zu können. Paul fragte wieder nach, was könnte ein Crash bedeuten. 10 bis 20% Verlust. Paul rechnete… mit etwa 1 Million war der Einstieg in der Börse… aktienlastige Fonds, DAX und Neuer Markt… aber alles eher spekulativ. Bei Anna mehr Rentenpapiere. Jetzt sah er auf dem Ausdruck knapp 1,4 Millionen. 10% von 1,4 Millionen sind 140000 DM… lassen wir es bis 1,2 Millionen crashen… das wäre immer noch ein satter Gewinn, steuerfrei. Andererseits wollten Anna und Paul aber auch nicht eine weitere Hosse verpassen, warum sollte es nicht noch weiter nach oben gehen?

Die Börse lässt sich aber nicht berechnen und in die Karten schauen. Pauls Milchmädchenrechnung ging nicht auf. Als im März 2000 die Internetblase platzte, verlor der NASDAQ Composite Index bis Oktober 2000 80%. Das bedeutete von 5130 auf 1110 Punkte!

Nun sah es böse bei Anna und Paul aus. Jetzt standen nicht mehr 1,4 Millionen auf dem Ausdruck, nicht 1,2 Millionen, sondern 800000 DM. Was ist nun zu tun? Die Notbremse hätte gezogen werden müssen. Aber laut Paul waren die Anlageberater mit dieser Situation völlig überfordert. Aussitzen? So hätte es Kostolany wohl getan. Es wurde umgeschichtet.

BMW

BAYERISCHE MOTOREN WERKE

Zwanzig
Vorzugsaktien
zu je Fünfzig Deutsche Mark

Der Inhaber dieser
Sammel-Vorzugsaktie ohne Stimmrecht
über zwanzig Vorzugsaktien
zu je Fünfzig Deutsche Mark
ist an der Bayerische Motoren Werke
Aktiengesellschaft, München,
nach Maßgabe ihrer Satzung als
Aktionär beteiligt.

München, im Dezember 1986

Bayerische Motoren Werke
Aktiengesellschaft

Der Aufsichtsrat   Der Vorstand

    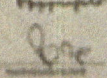

AKTIENGESELLSCHAFT

BMW

Dem Geldinstitut bescherte es wieder Gebühren, so wie beim Einstieg 1999 auch. Das Geldinstitut gewinnt eben immer! Ist so!

So, jetzt hieß es Aufholen und Gewinne erwarten. Übrigens fand der Crash nur wenige Wochen vor der Haltefrist von einem Jahr statt. Fast hätten Anna und Paul Glück gehabt, fast eben. Nichts war es mehr mit der Taube auf dem Dach, sogar um den Spatz musste gezittert werden. Gut, dass es den Entnahmeplan gab, der lief ja noch bis 2004. Auch die Anlageberater meinten, dass 2004 alles wieder im Lot sei.

Nach langer Zeit traf Paul einen seiner besten Freunde und ehemaligen Geschäftspartner wieder. Man verabredete sich. Paul und Holger sprachen über die gute alte Zeit. Sie stellte ihre Telefone ab, wollten ungestört sein. War sie nun wirklich besser, die gute alte Zeit? Ich weiß es immer noch nicht. Beide planten Treffen mit den Frauen, vielleicht einmal zum Kegeln? Gegen 21 Uhr fuhr Paul zurück. Anna empfing ihn ganz aufgelöst. Es war der 11. September 2001. Paul konnte nicht mehr handeln. Eigentlich war mit den Anlageberatern ausgemacht, dass wenn etwas Unvorhergesehenes passiert, was die Einlagen noch mehr schrumpfen lassen könnte, die Notbremse gezogen werden sollte. Niemand im Geldinstitut handelte, konnte es vielleicht schon gar nicht mehr, denn die Börsen wurden geschlossen. Der DAX verlor an diesem Tag 8,5%.

Paul begriff im Laufe der Nacht, wie schwierig die Situation nun werden wird. Gemeinsames Heulen war angesagt.

Von nun an ging es mit allen Depots bergab. Ein kleines Zucken der Börsen nach oben, folgte sogleich ein weiterer Sprung nach unten. In Börsenzeitschriften und im TV sprach man vom Verbrennen von Milliarden DM. Aber so ist das nicht, wir sitzen nämlich nicht alle in einem Boot. Es gab eben Anleger, die die Notbremse zogen und entweder noch Gewinne einsammelten oder Verluste begrenzen wollten. Soll heißen, dass das Geld von Anna und Paul noch existiert, nur hat es jetzt ein anderer. Die Letzten beißen die Hunde.

Auch in den Folgemonaten waren die Anlageberater vollkommen überfordert. Jeder

Strohhalm wurde benutzt um umzuschichten. Wie gesagt, die Geldinstitute verdienten dadurch ja weiterhin ihr Geld. Und es ging weiter bergab, an Geld zu sichern, wurde nicht gedacht. Es wurde zu einem nervösen Zwang erfolgreich zu werden. Und die Sofortrente fiel auf die vertraglich festgelegten 750 DM.

Anna und Paul waren natürlich nicht die einzigen Anleger, die in diesen Sog gezogen wurden. In ihrer Heimatstadt fanden sie Gleichgesinnte, die deutliche Worte fanden. Sie waren der Meinung, dass es eine Absprache zum Ziehen einer Notbremse hätte geben müssen. Anna und Paul waren später der Meinung, dass die Berater es gar nicht hätten wissen können, sie waren zu jung und zu unerfahren. Aber statt einen Teil zu sichern wurde umgeschichtet und man bekam später den Eindruck, dass das Einsammeln der Gebühren wichtiger war, als die Schicksale hinter den Verlusten. Einer ihrer Freunde starb an Herzversagen. Immer wieder sagte er: „Ein Leben lang habe ich hart gearbeitet und gespart und nun ist fast alles weg." Auch er ließ sich vom Neuen Markt verführen.

Dann kam ein Anruf: „Wir haben heute einen absoluten Experten im Haus. Wir möchten auch Sie einladen, um Ihr Depot zu erörtern." Klasse, endlich tat sich etwas. Der Experte hatte ein super auftreten. Ganz nach dem Motto „Tschacka, wir schaffen alles!".

Die Papiere der beiden Depots wurden verkauft und sollten ganz neu aufgestellt werden (wir denken wieder an die Gebühren, das Geldinstitut gewinnt schließlich immer!).

Ganz ehrlich, dieser Experte überforderte Anna und Paul. Gegenargumente von ihnen wurden sofort abgewürgt. Aber im positiven, soll heißen, dass die „Tschacka, wir schaffen das"- Schwingung alle Ängste und Gegenargumente verblassen ließ. Anna und Paul ließen sich mitreißen. Auf dem Notizblock standen dann atemberaubende Werte. Aus den mittlerweile nur noch 650000 DM sollten locker 2,5 Millionen werden.

Wer viel Geld hat, kann spekulieren. Wer wenig hat, darf es und wer kein Geld hat, muss spekulieren.

Es wurden nur wenige unterschiedliche Aktienwerte aus dem DAX ausgesucht. Standartwerte eben. Und eine Lebensversicherung. Ganz ehrlich, Anna und Paul hätten sich etwas anderes vorgestellt und vor allem keine Lebensversicherung mehr. Aber es kam noch schlimmer. Nutznießer der Lebensversicherung sollte der jüngere Paul werden. Im Todesfall von Anna würde es dann richtig Kohle geben. Paul war zwar jünger, aber körperlich nicht mehr so gut drauf, der Rücken und ein Geburtsfehler. Der Rücken wurde im elterlichen Betrieb durch das schwere Tragen und den Umbau im elterlichen Haus regelrecht missbraucht und vernichtet. Der Geburtsfehler war eine Contergan-Schädigung. Paul hätte also gar nicht schwere Gegenstände tragen dürfen.

Paul ließ seine Frau als Nutznießerin eintragen. Er sicherte sie so ab, falls er zuerst gehen müsste. Der Gesundheitszustand wurde angesprochen. Da es sich aber um eine reine Kapitallebens-versicherung handelte, sollte dies angeblich keine Rolle spielen. Monatlich sollten 4000 DM in die Lebensversicherung eingezahlt werden und zum

Start 100000 DM. Die Berater wussten, dass nach 2004 Geld zum Leben gebraucht werden würde. „Dann sind Sie schon über den Berg, Tschacka, wir schaffen das!", sagte der Experte. Nun gut, wenn das der Beste der Truppe war, Anna und Paul verließen sich darauf.

Es ging weiter bergab. Der Experte verließ übrigens 14 Tage später das Geldinstitut und war für uns unerreichbar. Bereits jetzt begann Paul die kostbaren Werte, wir erinnern uns an die beiden Rolex-Uhren, zu veräußern. Der Juwelier sagte damals, dass Paul besser zwei gebrauchte Uhren kaufen sollte, denn beim Verkauf gäbe es später immer nur die Hälfte zurück. Steigen die Uhren dann beim Neukauf, steigen sie natürlich auch als Gebrauchtware. Und in Ebay gab es als Pärchen sogar noch etwas mehr. Paul erbte vor der Ehe Goldmünzen, auch sie wurden verkauft, sowie Goldschmuck. Das Konto war vorerst wieder gefüllt. Jedoch wuchs der seelische Stress. Die Portfolios sanken und der Ebay-Verkauf stieg. Man hätte zu jeder Zeit aus der Börse aussteigen können, vielleicht müssen. Aber hätte ist eben ein blöder Berater. Ganz zu schweigen von dem Expertenberater.

Dann kam der Tag an dem der Entnahmeplan verbraucht war. An der Börse tat sich nicht viel. Aber man merkte, dass sich die allgemeine Stimmung aufgehellt hatte. Die wöchentliche Börsenrunde im TV war positiv gestimmt. Man sprach von Einstiegskursen. Dann kam wieder ein Anruf: „Wir möchten Sie gern an unser Expertenteam in einer anderen Stadt übergeben, das wird dann endlich der Turbo für Ihr Vermögen sein." Anna und Paul waren sehr skeptisch. Es kam eine junge dynamische Anlageberaterin, die ihre Aufgaben sehr ernst zu nehmen schien. Als dann auch noch die ehemaligen Berater kurz vor ihrer Versetzung standen, wechselten Ana und Paul. „Sie liegen zwar weit unter unseren Mindestanforderungen, aber als langjährige Kunden werden Sie bei uns aufgenommen.", sagte Frau L. der Expertenabteilung. So, nun also auf ein neues Abenteuer. Andere Berater, eine andere Stadt, es konnte nur besser werden. Das Mitspracherecht bei der Anlage und bei Veränderungen in den Portfolios sollte mit eingebracht werden. Alle Veränderungen mussten Anna und Paul nun mittragen. Das bedeutete noch mehr Zeit in die Börse zu stecken. Noch mehr lesen und lernen. Es klappte tatsächlich. Frau L. schaffte minimale Gewinne und einen Betrag zum täglichen Leben, denn der Entnahmeplan war ja ausgelaufen. Die monatlichen Einzahlungen in die Lebensversicherung war der Hauptgrund, warum es nicht noch besser lief. Unter der Hand gesagt, Frau L. hielt das mit der Lebensversicherung, zumindest die Höhe, für einen Fehler. Beweisen könnte diese Aussage Paul aber nie. Paul reagierte sofort. Statt der monatlichen 4000 DM zahlte er die 400 DM der Sofortrente und 100 DM aus Ebay-Erlösen fortan ein. Die Lebensversicherung machte sich zwar auch sehr gut, gerade unter dem Aspekt des Durchnittskosteneffektes (cost-average-effect), aber Turbo ist eben Turbo!

Selbstverständlich kürzten Anna und Paul viele Ausgaben. Es gab günstigere Versicherungen. Der Oldtimer wurde abgemeldet. Er diente immer noch als Wertanlage. Die Heizperiode wurde verkürzt, nun gab es einen dicken Pullover. Sparbirnen wurden eingeschraubt. Es gab sehr viel einzusparen. Klamotten wurden im Ebay ersteigert. Auch dort gab es für Anna passgenaue Rosner-Hosen. Mit dem Unterschied, dass es für eine neue Hose jetzt 5 gebrauchte gab. Paul übernahm immer mehr an Verantwortung. Er jonglierte nun das Leben. Bis auf die geänderte Heizperiode hatte sich Anna auch nicht beschwert.

Im Juli 2005 verbrachte Enkelin Luise die Ferien bei Anna und Paul. Alles wurde für den tollen Tag im Zoo vorbereitet. Es war der 7.7.2005. Paul kontrollierte nochmals die Börse. Und da geschah das Unglück. Bomben in London. Sofort reagierte Paul und versuchte die Anlageberaterin Frau L. zu kontaktieren. Ausgerechnet heute war ihr freier Tag. An der Tür stand Luise und drängte. Paul konnte die Situation gar nicht einschätzen. Zum Telefonpartner sagte er in Panik: „Verkaufen! Alles!" Aber man sollte die Ereignisse nicht vor Augen verfolgen, sondern mit dem Kopf. An der Börse ist es oft besser, die Augen zu schließen.

Wer den Anschlag und die Börse verfolgen konnte, der sah, dass es kurzzeitig zum Verkauf kam. Kurze Zeit später beruhigte sich die Börse und stieg.

Luise, Anna und Paul sahen sich gerade die Giraffen im Zoo an. Paul war so für den Verlust von 25000 Euro verantwortlich.

Bis 2007 gab es Höhen und Tiefen. Frau L. konnte das Niveau in etwa halten, mal lag sie darunter, mal freuten sich alle über Erfolge. Paul war fleißig im Ebay. „So könnte es klappen.", sagte Paul bei der regelmäßigen Besprechung mit Frau L. in ihrem Büro. Aber es sollte wieder anders kommen. Frau L. zählte Anna und Paul zu ihren 50 Stammkunden. Ein Berater in einer Filiale ist für vielleicht hunderte da. Frau L. hatte alle Zahlen im Kopf. Es kostete Gebühren, aber unterm Strich lohnte es sich. Außerdem fühlten sich Anna und Paul nun abgesichert und verstanden.

2007 begann die globale Banken- und Finanzkrise. Leider wurde Anna krank, sie litt an Vergesslichkeit. Es war eine langsame und schleichende Erkrankung, jeder wusste damals schon, wo es einmal enden würde. Pauls Rücken verschlechterte sich ebenfalls. Zu allem Überfluss, aus Sicht von Anna und Paul, nahm sich Frau L. eine Auszeit. Trotzdem freuten sich Anna und Paul mit Frau L., denn sie war schwanger. Anna strickte die ersten Kindersöckchen. Und was war mit den Depots? Ein Kollege übernahm die Konten von Anna und Paul mit. Nur, es waren ja noch weitere Kunden zu verteilen.

Mit der Zeit kamen sich Paul und Anna wie zweite Wahl-Kunden vor. Es geschah wenig. 2008 kam es dann wieder zum Börsencrash. Die Depots schrumpften wieder. Danach ging es mit DAX und Co. wieder bergauf. Aber Anna und Paul hatten wohl die verkehrten Werte, sie erholten sich nur wenig. Einem langsamen Bergauf folgte immer wieder ein kräftiger Rückschlag, wie etwa im Jahr 2011. Bis zum ersten Quartal 2012 verlief es dann ruhiger, aber es reichte ein kleiner Wind, um alles zu vernichten. Die Depots standen auf sehr wackeligen und angeschlagenen Beinen. Mitte 2012 gab es dann wieder einen Rückschlag, das Anlagegerüst brach völlig ein. „Ich muss Ihnen leider mitteilen, dass Ihre Anlagen unseren absoluten Mindestwert unterschritten haben. Sie besitzen noch knapp 50000 Euro. Ich muss Sie zurück zur Filiale geben." Den anschließenden Aufschwung erlebten Anna und Paul nicht mehr an der Börse. Die Krankheiten verschlimmerten sich bei beiden. Nun sind noch etwa 13000 Euro auf dem Girokonto, jeder weiß wo es enden wird. Den Oldtimer, den mangels Zeit und Lust Paul nicht mehr bewegte, wurde als Scheunenfund verkauft, die Mängelliste war groß. So ein Oldtimer muss ständig bewegt und gepflegt werden.

Paul opferte sich für Anna auf, erfüllte ihr jeden Wunsch, auch wenn es nur Dinge aus dem Ebay waren.

Heute sitzen sie auf einer Bank. „Früher war einfach alles besser. Früher konnten wir arbeiten und Geld verdienen. Niemand mischte sich ein.", sagte Paul. Anna darauf: „Ja, früher war wirklich alles besser."

Jetzt kann auch ich mir eine Meinung bilden. Aus ihrer Sicht stimmt es, dass es früher besser war.

Reichsmark 1000.–

AKTIEN-MALZFABRIK KARL HOFFMANN A.G., BAYREUTH

Aktie

RM 1000.–

über

EINTAUSEND REICHSMARK

Aktien-Malzfabrik Karl Hoffmann A.G.

Bayreuth, den 1. Oktober 1935.

Der Aufsichtsrat   Der Vorstand

Reichsmark 800.—

Gebrüder Junghans Aktiengesellschaft
Schramberg

№ 006608

Aktie
über
Achthundert Reichsmark

800 Reichsmark

Der Inhaber dieser Aktie ist bei der Gebrüder Junghans Aktiengesellschaft in Schramberg nach Maßgabe ihrer Satzung als Aktionär beteiligt.

Schramberg, im Dezember 1931.

Gebrüder Junghans Aktiengesellschaft
Der Vorstand

Eingetragen in
das Aktienbuch
Fol. №

Daimler-Benz Aktiengesellschaft
Stuttgart

1000 Reichsmark

№ 123232

STAMMAKTIE
ÜBER
TAUSEND REICHSMARK

Der Inhaber dieser Stammaktie ist bei der Daimler-Benz Aktiengesellschaft nach Maßgabe ihrer Satzung als Stammaktionär beteiligt.

Stuttgart, im Juni 1942

Daimler-Benz Aktiengesellschaft

Der Aufsichtsrat   Der Vorstand

Der Zahlmeister

Die Grafik zeigt links den Zeitpunkt, an dem Paul mit dem Lesen von Börsenbüchern und Börsenzeitschriften begann. Das war 1998. Ganz rechts fand der eher zwangsvolle Ausstieg durch das Geldinstitut Ende 2012 statt. Nach Kostolany hätte ein Aussitzen und sich schlafen legen funktioniert.

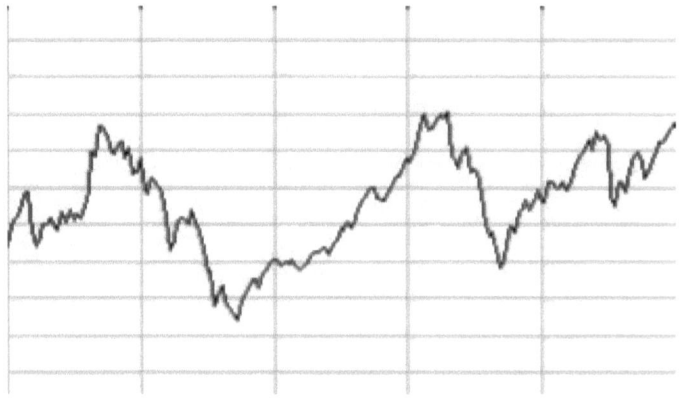

Auch wenn diese Tatsachengeschichte nicht gut ausging, in Zukunft werden wir nicht an der Börse vorbeikommen. In jungen Jahren sollte eigentlich schon der Einstieg sein. Während der 13 Jahre, in denen Anna und Paul an der Börse vertreten waren, wurden immer wieder Aktien aus dem DAX erworben. Das waren und sind grundsolide Werte. Ob BMW, Allianz, Lufthansa, usw., es wird immer eine gute Anlage sein. Welche denn genau? Heute würde Paul auf den gesamten DAX setzen. Dann sind alle Werte im Depot, das nennt sich Indexzertifikat auf den DAX. Jeden Monat könnte es eine Einzahlung geben. Dann nutzen Sie den Durchnittskosteneffekt (cost-average-effect).

Anna und Paul besaßen auch Fonds. Da gibt es den Fondmanager. Man sollte die Kosten berücksichtigen.

Auf jeden Fall brauchen Sie Zeit. Außerdem brauchen Sie Geld, welches in der nächsten Zeit nicht benötigt wird. Ein Berater meinte, es können zwei Jahre sein, der andere meinte 10. Auf jeden Fall gingen die Meinungen weit auseinander. Am Fall von Anna und Paul sehen wir, dass nach 13 Jahren alles vorbei war. Richten Sie sich also wirklich auf einen längeren Zeitablauf ein. Gleichzeitig muss aber auch ein guter Gewinn sofort realisiert werden. Lieber den Spatz in der Hand, als die Taube auf dem Dach. Bei einer Langfristanlage mit einem monatlichen Einzahlbetrag können Sie ein Absinken auch aussitzen (Bärenmarkt). Es muss wieder nach oben gehen, Bullenmarkt. Schlussendlich kommt man aber an der Börse nicht vorbei.

Übrigens konnten nicht viele Anleger der EM.TV-Aktien ihren damaligen Gewinn realisieren (aus 10000 DM wurde 1 Million). Jetzt kam die Gier hinzu. Warum jetzt aussteigen, es könnten doch auch 2 Millionen werde. Aber es kommt eben immer anders als man denkt. Heute sind die Aktien nur wenige

Euro wert. Die Letzten beißen eben die Hunde.
Also: Besser etwas, als nichts!

Und da die Börse nun wirklich keine
Einbahnstraße ist, sollte es lieber ein Ende mit
Schrecken sein, als ein Schrecken ohne Ende!

Das Beispiel von Anna und Paul zeigt es
deutlich. Nach dem Platzen der Internetblase
und dem Anschlag am 11. September 2001 waren
noch 650000 DM, also ca. 325000 Euro, auf
dem Konto. Währen beide nun ausgestiegen,
hätten sie Geld, inkl. der Sofortrente, noch für
weitere 25 bis 30 Jahre ausgeben können.
Gerechnet nach dem Entnahmeplan ab 2004,
also bis knapp 2030. Dabei sind keine Zinsen
oder absolut sichere Anlagen mit eingerechnet,
aber auch kein neues Auto, Tapezieren oder
ähnliche Ausgaben.

Wir sehen, alle alten Weisheiten lassen sich anwenden. Und sollte einmal Geld übrig bleiben, dann könnten Sie doch ihrer Frau ein schönes Schmuckteilchen kaufen. Im absoluten Notfall gibt es dafür immer den Goldwert.

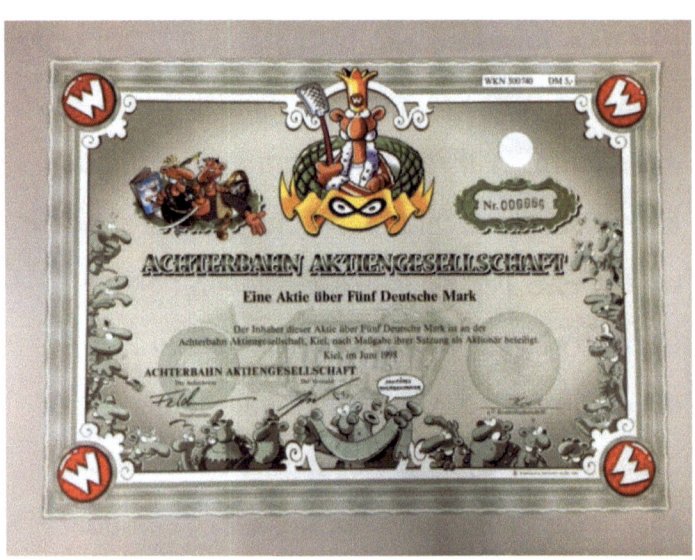

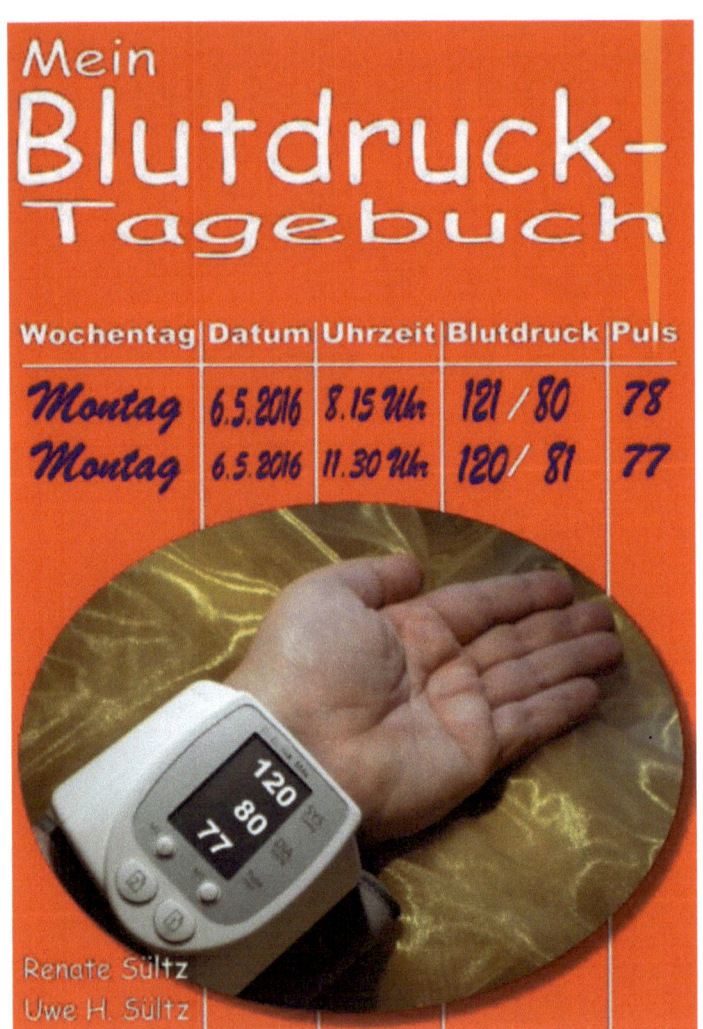

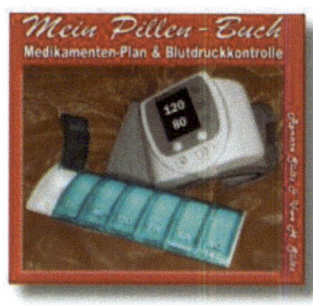

Weitere Tage- und Notizbücher sind erhältlich, wie:
Pflegetagebücher, Traumtagebücher, Medikamenten-
planer, Erfolgstagebücher, Jahreskalender, Bild-
bände, Gedichte, Kochbücher und Kurzgeschichten.

Danke für Ihr Interesse

R. G. Wardenga